La lectura de los mapas

Ann H. Matzke

Rourke Educational Media
rourkeeducationalmedia.com

Scan for Related Titles and Teacher Resources

www.rourkeeducationalmedia.com

PHOTO CREDITS: Cover: ©Yarruta, ©Jolande Gerritsen; page 4: ©RTimages; page 5: ©btrenkel; page 6: ©filo; page 7: ©Oleg Troitsky; page 9: ©Jolande Gerritsen; page 12: ©PIKSEL; page 13: ©MarcelC; page 14: ©skodonnell; page 15: ©IndianSummer; page 17: ©Derek Punaro; page 18: ©DNY59; page 19: ©IHervas; page 21: ©michaeljung

Edited by:Jill Sherman

Cover and Interior design by: Tara Raymo
Traducido y editado por Danay Rodríguez

Library of Congress PCN Data

La lectura de los mapas / Ann H. Matzke
(El Pequeño Mundo de Estudios Sociales)
ISBN 978-1-62169-914-9 (hard cover)(alk. paper)
ISBN 978-1-62169-809-8 (soft cover)
ISBN 978-1-62717-019-2 (e-Book)
ISBN 978-1-63430-149-7 (hard cover - spanish)
ISBN 978-1-63430-175-6 (soft cover - spanish)
ISBN 978-1-63430-201-2 (e-Book - spanish)
Library of Congress Control Number: 2014953712

Rourke Educational Media
Printed in the United States of America,
North Mankato, Minnesota

Rourke Educational Media
rourkeeducationalmedia.com
customerservice@rourkeeducationalmedia.com • PO Box 643328 Vero Beach, Florida 32964

Tabla de Contenido

La lectura de los mapas

Los cartógrafos hacen mapas para que puedas encontrar el camino alrededor del mundo.

Un mapa es un dibujo de un lugar determinado. La lectura de un mapa te ayuda a descubrir lugares distantes o cercanos.

Al igual que los libros, los mapas tienen títulos. El título te ayuda a escoger el mapa que necesitas.

Encontrando el camino

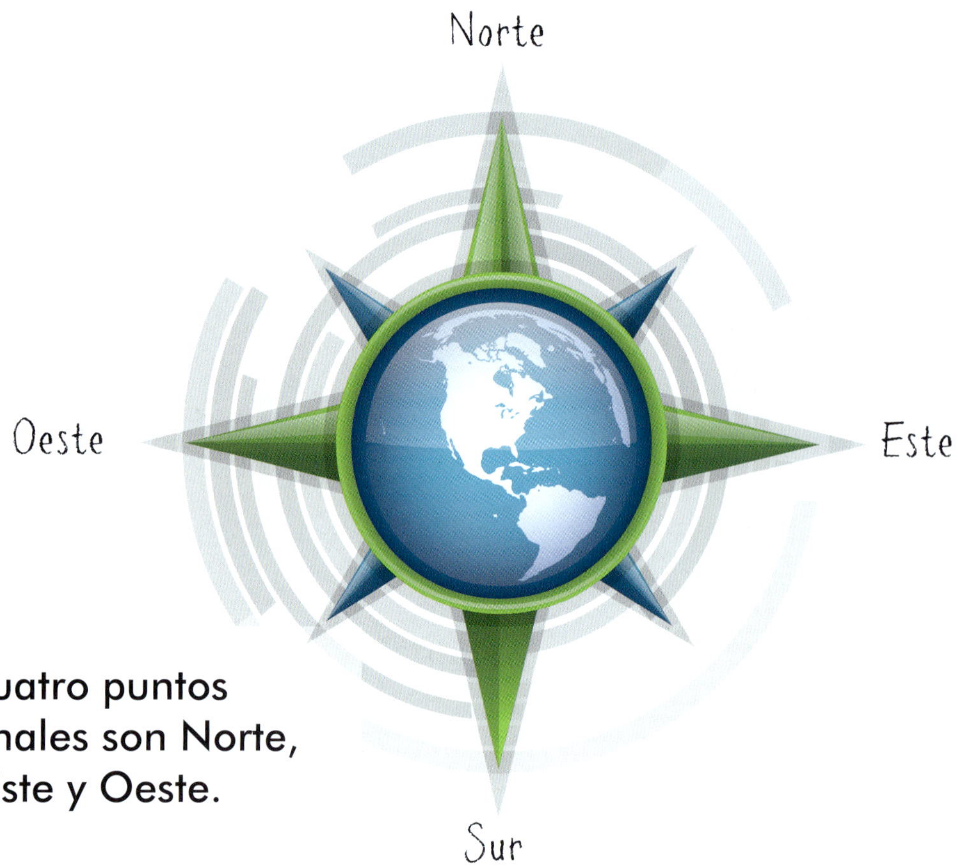

Los cuatro puntos cardinales son Norte, Sur, Este y Oeste.

Una rosa de los vientos es un buscador de direcciones que siempre apunta hacia el Norte en un mapa.

El Norte está hacia el Polo Norte. El Sur está hacia el Polo Sur. El Este está a la derecha y el Oeste está a la izquierda.

Los mapas utilizan símbolos. Los símbolos pueden ser figuras, líneas, colores o puntos.

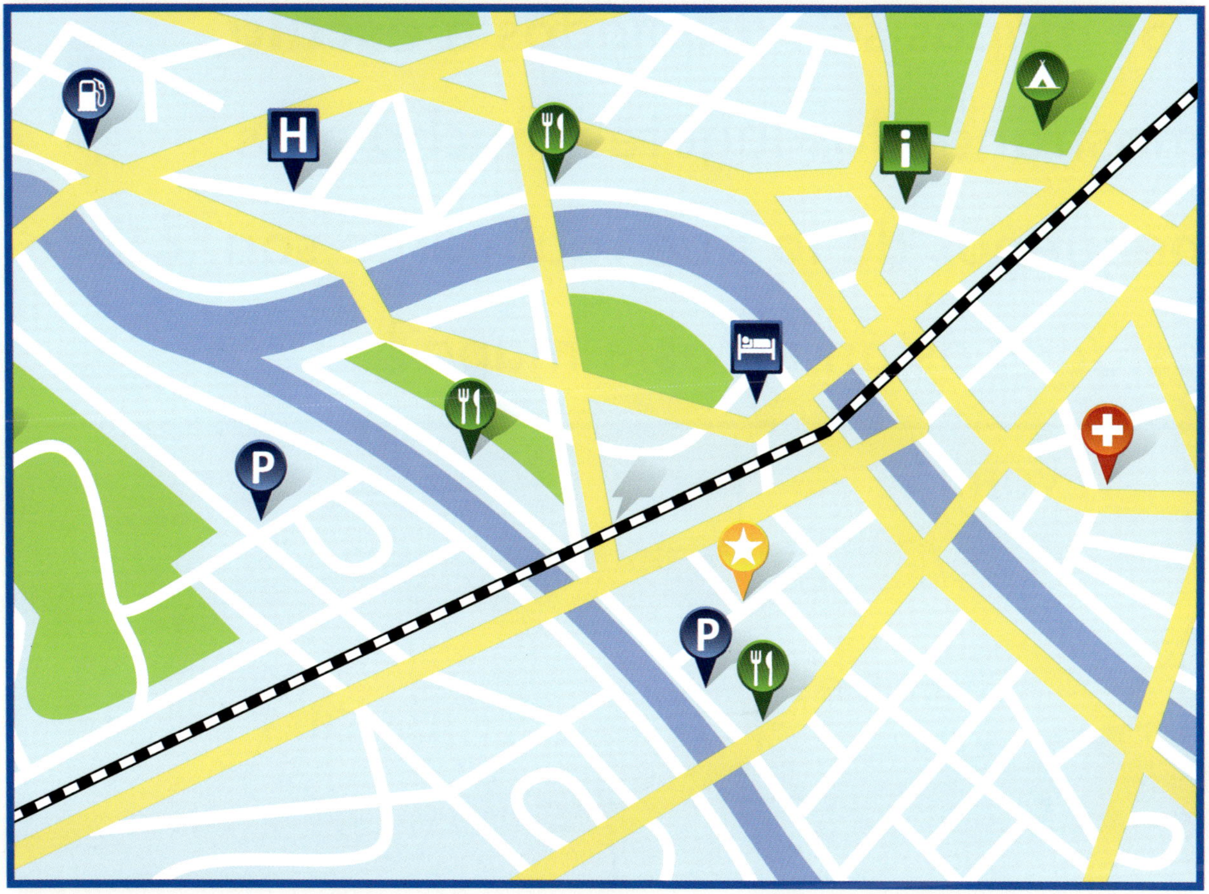

Una **leyenda** es un decodificador que explica el significado de los símbolos. ¿Puedes encontrar el símbolo de la biblioteca?

Los mapas son dibujados a **escala**, mostrando los lugares mucho más pequeños de lo que realmente son. ¿Qué estados están en este mapa?

Los mapas políticos utilizan líneas para marcar las fronteras de los estados y países.

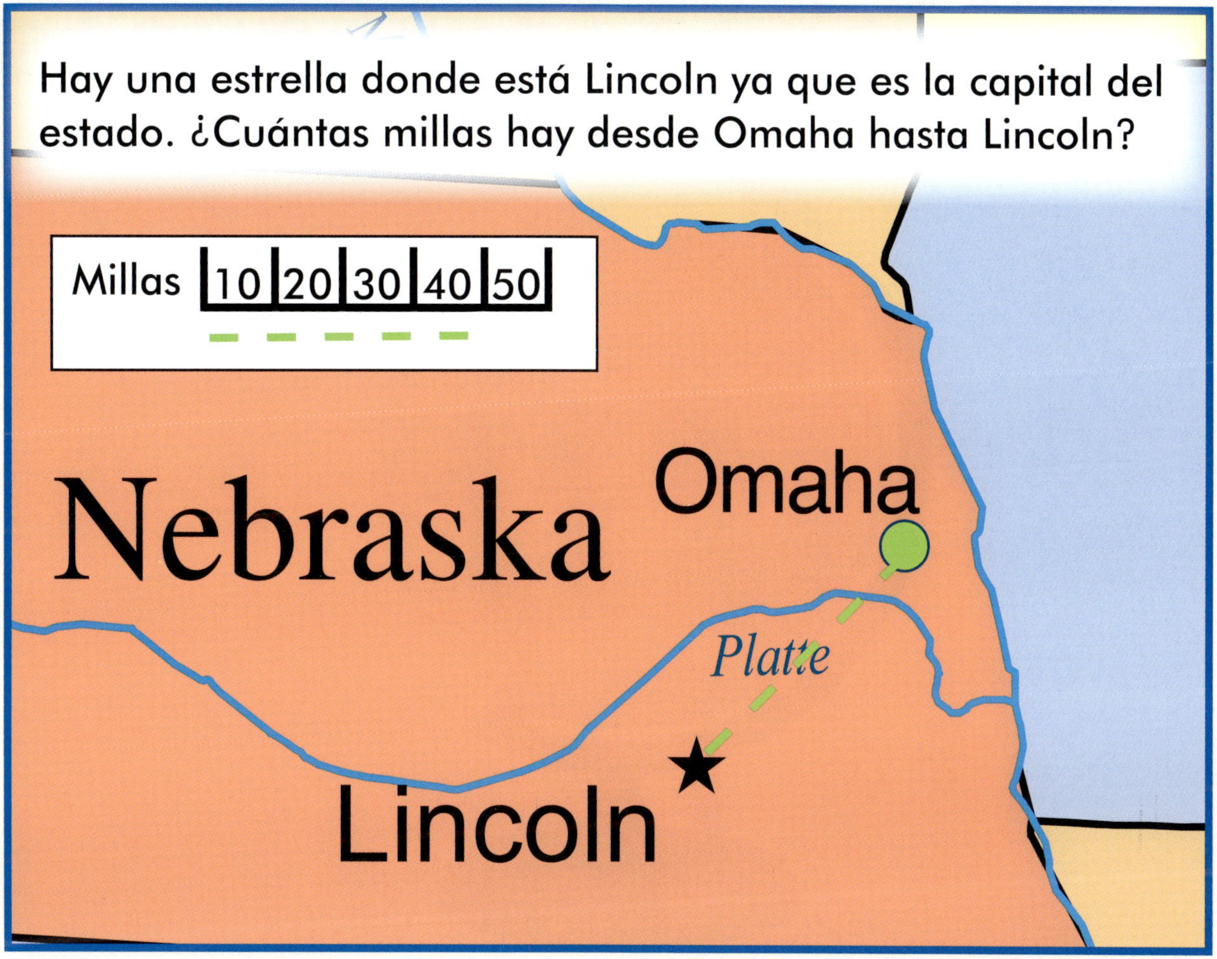

La barra de escala mide la distancia entre dos puntos en un mapa. Te informa la distancia en el mundo real.

Los globos terráqueos

Los globos terráqueos exponen la forma más real de las tierras y el agua. Un globo terráqueo es un pequeño modelo de la Tierra.

Las imágenes satelitales ayudan a los cartógrafos a estudiar lugares de difícil acceso, entre ellos las montañas.

La Tierra parece plana, pero las imágenes tomadas desde el espacio muestran que la Tierra es redonda como una esfera.

Mira la esfera. Las grandes zonas verdes representan la tierra y las grandes áreas azules representan el agua.

El agua cubre más de la mitad de la superficie de la Tierra.

El Ecuador es una línea imaginaria alrededor de la Tierra. El Ecuador divide la Tierra en dos partes iguales llamadas **hemisferios**.

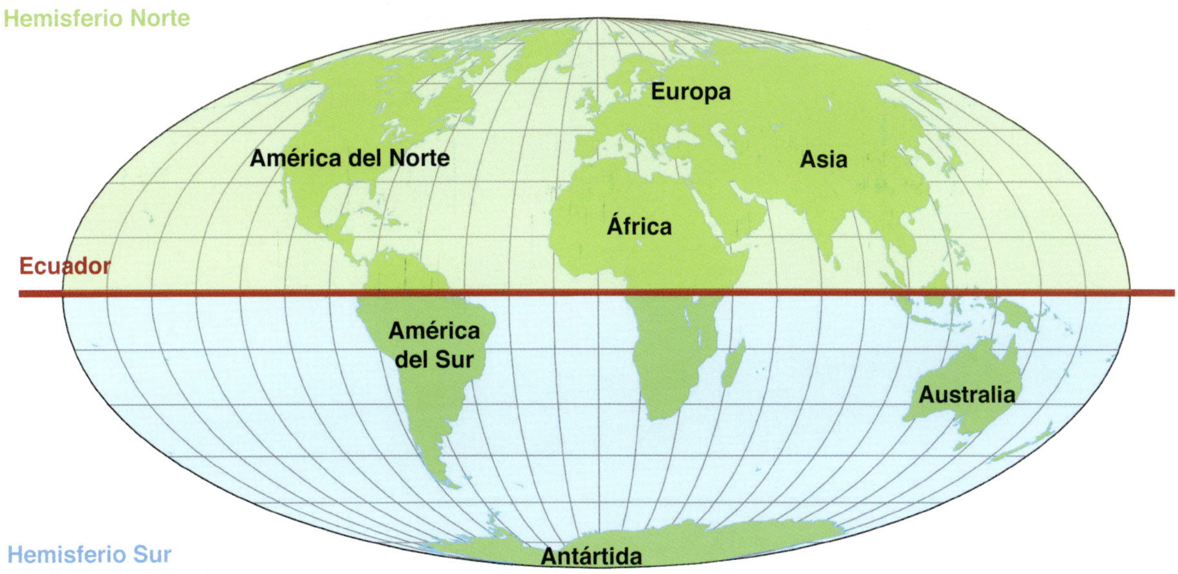

La línea del Ecuador está en el punto centro entre los polos Norte y Sur.

Las **redes** de los mapas hacen que sea más fácil encontrar un lugar. La ubicación de un lugar nunca cambia.

Las líneas de longitud o meridianos, se extienden hacia arriba y hacia abajo. Las líneas de latitud o paralelos, forman círculos alrededor de la Tierra.

Geocaching, el juego de búsqueda de tesoros, utiliza las coordenadas del mapa para encontrar una ubicación específica y el premio oculto en esa ubicación.

Cada lugar en la Tierra tiene una dirección específica que se denomina ubicación absoluta.

Diferentes tipos de mapas

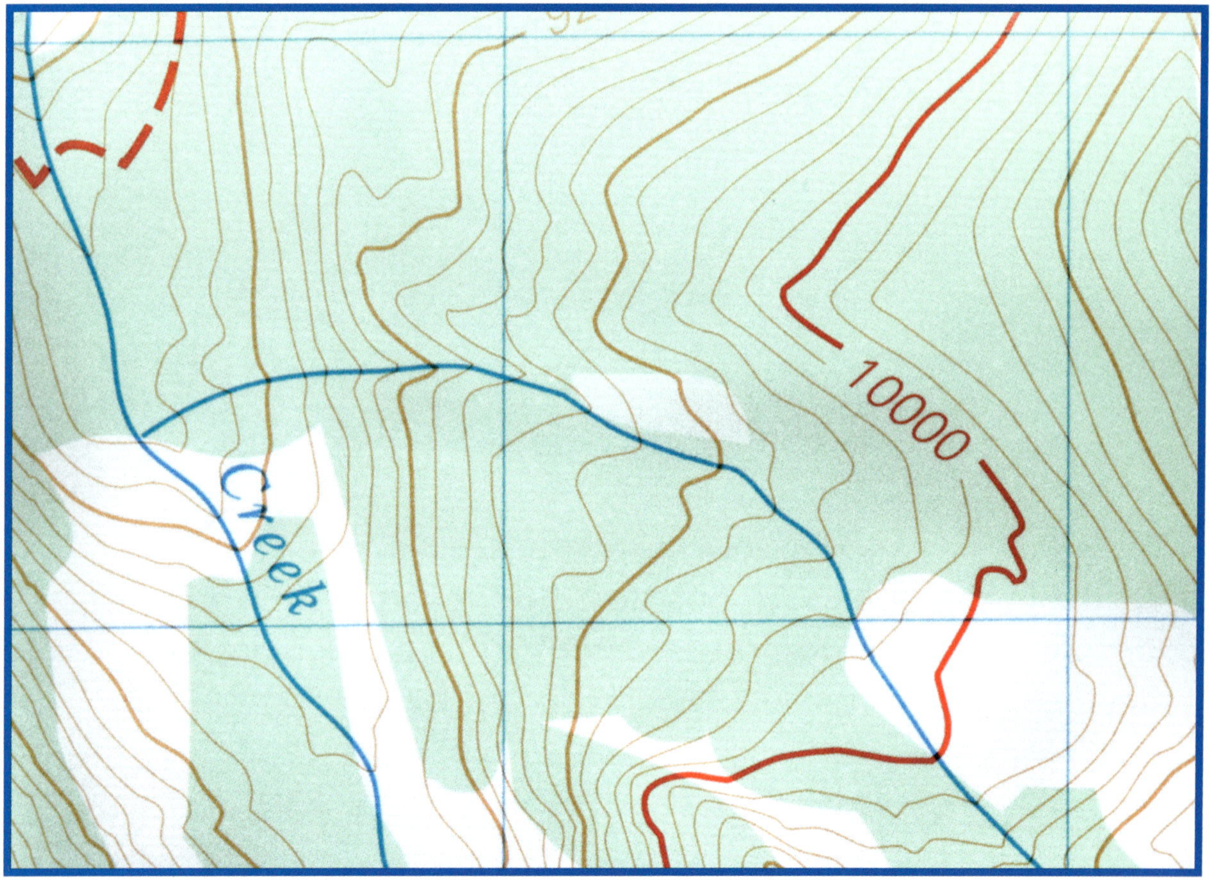

Un mapa topográfico utiliza líneas para mostrar los lugares altos y bajos.

Las líneas muy juntas significan que el terreno es elevado o montañoso. Las líneas más separadas significan que el terreno es una llanura o planicie.

Los mapas **climáticos** muestran las condiciones meteorológicas. Los **cartógrafos** usan colores para mostrar las zonas que pueden ser más cálidas o más frías.

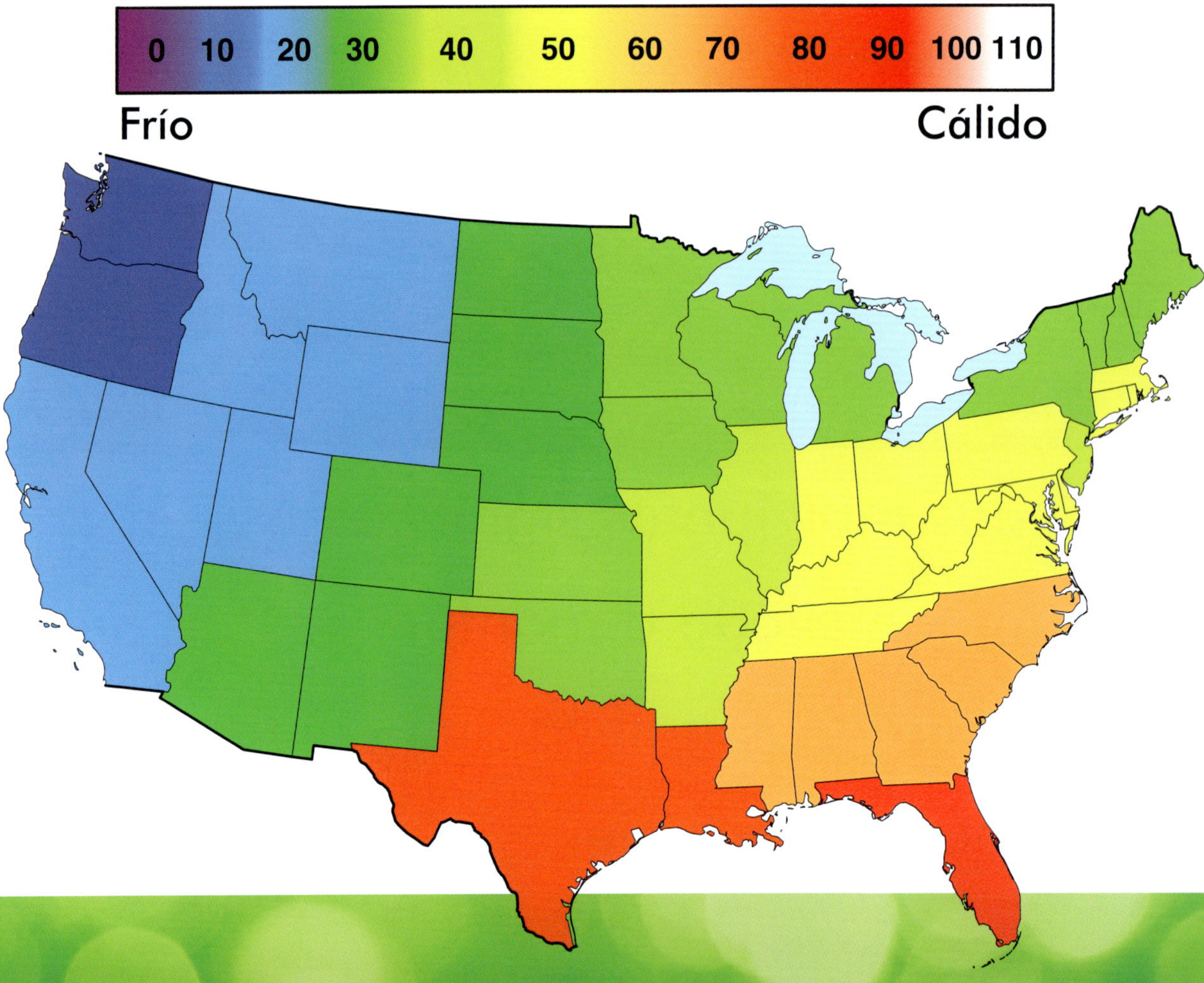

Mira un mapa o haz girar un globo terráqueo. Descubre el mundo, distante o muy cercano.

Trata de dibujar tu propio mapa. Piensa en tu casa o escuela. ¡Dibuja todas las habitaciones!

Glosario Ilustrado

cartógrafos: Las personas que hacen los mapas.

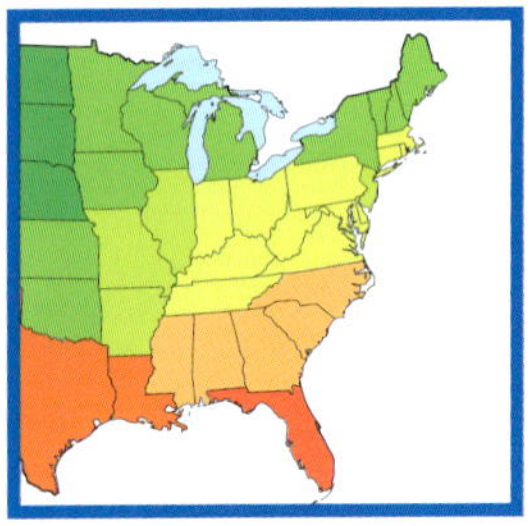

climáticos: El clima habitual de un lugar.

escala: La relación entre las mediciones en un mapa y las medidas reales.

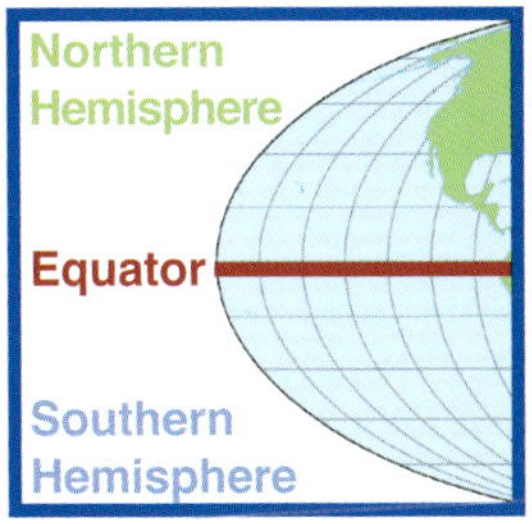

hemisferios: Las dos mitades de una esfera, como la Tierra.

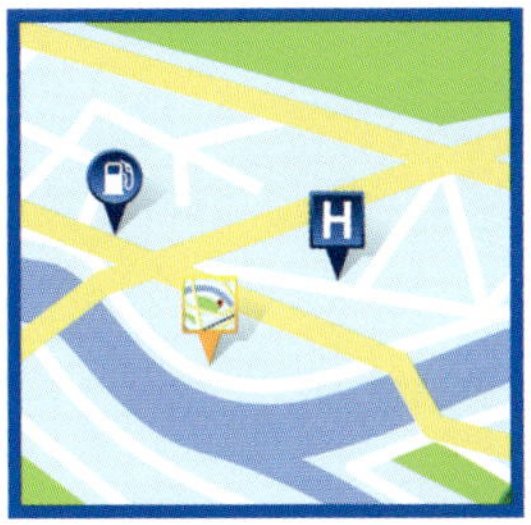

leyenda: Las palabras escritas en un mapa que explican el significado de diferentes símbolos.

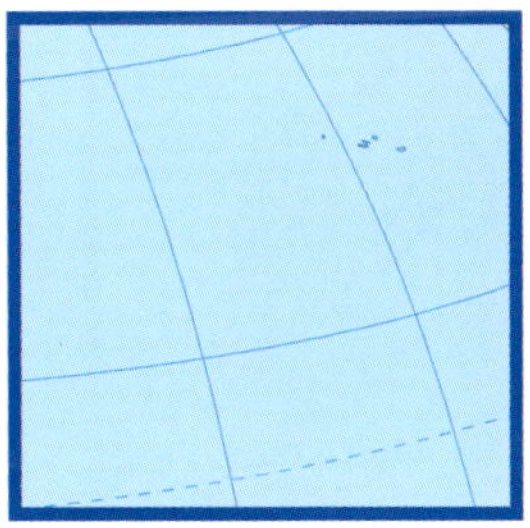

redes: Un conjunto de líneas rectas que se cruzan entre sí para formar un patrón de cuadros.

Índice

Sitios Web

www.nationalgeographic.com/kids-world-atlas/maps.html

mapzone.ordnancesurvey.co.uk/mapzone/index.html

pbskids.org/arthur/games/elwoodcity

Acerca del Autor

Ann H. Matzke tiene una Maestría en Escritura para Niños y Jóvenes de la Universidad de Hamline. Para localizar a Ann busca un mapa. Ann trabaja como bibliotecaria para niños en una biblioteca en Cozad, Nebraska. Ann disfruta viajar y usar mapas para buscar lugares divertidos de visitar.